U0481532

每天
都有新收获

三五锄教育—— 著
侯志—— 绘

晨光出版社

在我长大之前

去掌握自己的人生，去感受充沛强烈的幸福。

去长大，去感受幸福

在为这套书写序之时，我和许多爸爸妈妈一样，刚刚度过一个焦头烂额的暑假。在餐厅、景区、酒店、博物馆、游泳池……所有亲子家庭聚集的地方，总能听到大人或无奈或哀叹甚至怒气冲冲地问某个"熊孩子"："什么时候你才能管好自己？什么时候你才能长大？"

"管好自己"，对孩子们来说，成了对"长大成人"约定俗成的判断标准。相应地，当孩子主动且坚持地践行了某个习惯，自动自发地完成了某件公共事务，抑或经过坚忍的磨炼取得了某项成就，大人就会欣慰地说："长大了，能做好自己的事了。"

如果说"管好自己"是长大极其重要的评价体系，那它涉及哪些方面的内容，不同年龄的孩子具体又该有哪些行为呈现，却始终没人能说清楚。好几次，我和一些年龄在 6~13 岁的孩子聊起"成人说的'管好自己'指的是什么"，80% 的孩子认为是拥有良好的学习习惯，考取好成绩；75% 的孩子认为是控制好自己的负面情绪，不乱发脾气；55% 的孩子认为是掌握独立生活的技能、协助料理家务……其中一位一年级的小豆包坚持认为，"管好自己"，有且只有一个标准，就是"不打弟弟"。

我和孩子们的爸爸妈妈同样聊过这个话题，发现大人对怎么支持孩子"管好自己，长大成人"的规划也并不清晰。父母们多半基于眼前孩子的成长困境，提出自己的某种展望。比如，有个爸爸指出，自己的孩子太过性急，提出要求无法马上实现就会大发脾气，希望孩子能学会"延迟满足"；有些父母期盼着，在当下快速消费的时代，孩子能学着算好财务账，不乱花钱，有"财商"；有几个妈妈认为，孩子房间太乱，容易丢东西，希望孩子做好"整理收纳"；更多的父母觉得孩子没有具体的目标，遇到困难很容易一蹶不振，希望孩子提高"抗挫力"；几乎所有爸妈都忧心忡忡，担心孩子在社交中缺少经验，遇到麻烦……没错，看起来这些都是"长大成人"非常重要且具体的内容，但似乎又不是全部。再讨论下去，爸爸妈妈们也会陷入迷惘：我们期待的孩子的"长大"究竟是什么？我们该怎么和孩子讲述"成长"这个既宏大，又关乎无数一地鸡毛的日子，以及众多事无巨细行为的系统图景呢？

　　发现了吗？无论大人还是孩子，每个人都需要一份对"长大是什么""怎样做能成长"的具体、系统的行为阐述；一份指向自我接纳、社交、财商、目标管理等方方面面的多元发展百科全书；一套行之有效，供全家人日常翻阅、讨论、实践的"家庭成长清单"。我想，这就是这套书最大的意义。

　　每每翻阅这套书，我总是惊叹它的"一书多用"。

　　首先，它是一套关乎长大的"打怪闯关行为清单"。从五六岁的孩子到十三四岁青春期的孩子，都可以在其中找到适合自己的成长条目。

　　其次，它是一部关于成长的跨学科实用秘籍。从社会学、心理学、劳动技能诸多方面，为孩子阐明了"为什么做"和"怎么做"。

最后，也是非常重要的一点，它是日常亲子沟通的"桥梁宝典"。它使父母对孩子行为的评定，不再陷于"你没管好自己""你到现在还长不大"的质疑与否定中。这套书所呈现的温柔、细腻和积极思维，推动着小读者和家人们携手步入"长大"这一浩大广袤的岁月丛林，主动承担起每个人自我成长的责任，并由此完成每个家庭梦寐以求的"成长超越"。

每个流传久远的故事，都构建在某个英雄最后"长大成人，并获得幸福"的情节之上。我希望，并深深相信，每个阅读过、实践过这套书的孩子都能"长大成人，并获得幸福"，因为经由这套书，你们一定已经意识到，所谓长大与幸福，不是唾手可得，无法仰仗他人；更不是"金钱"、"游戏"、"短视频"或者"成绩"的绝对代替品，绝不是。

真实的长大和幸福，就在你对自己的接纳中，在你对他人的理解与支持里，关乎你在家庭和社会的创建。

行动起来！去长大，去掌握自己的人生，去感受充沛强烈的幸福。

目录

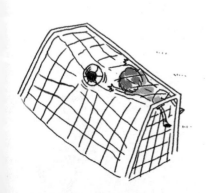

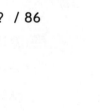

每天都有新收获

1 如何练成一个让人羡慕的技能？

热爱不会一开始就笃定无疑，坚持不懈，才会熠熠生辉。

看到别人做自己酷爱的事情时那意气风发、自信享受的样子，你会不会羡慕不已，会不会也想要拥有这样一个技能？

心理学中有个词叫"心流"，形容人在做某件事时因精神高度集中而忘记了时间，同时还伴有强烈的兴奋感与充实感。若你做某件事时体验到了心流，恭喜你！你可能找到了热爱，而这或许就是你练成"独门绝技"的起点。

比如，你喜欢打篮球，每天都愿意投入时间去练习，技术越来越精进，自然会得到他人的认可，你也越来越有成就感。这积极的心理反馈会激励你更加努力，形成"付出－成就－再付出－再成就"的正向循环。最终打篮球就会成为你热爱且擅长的技能，谁能不羡慕呢？

值得警惕的是，虽然得到认可令人高兴，但过度追求他人认可容易让人迷失，忘记初衷，导致停滞不前。正如达·芬奇的经历，他如果因为想要获得别人的羡慕而放弃画鸡蛋这项基本功，改画其他更华丽的画作，或许就会像仲永一样"泯然众人矣"。

只有内心的笃定与艰苦卓绝的坚持才能真正将一门爱好转变成技能。是对绘画的热爱与不懈追求让达·芬奇终成艺术巨匠，而你我，也需如此。

3

2 超越自我，从抓住想象力开始

不断地提问、探索、实践，让想象成为现实。

想象力，是人类最宝贵的财富之一。它不仅是孩子们玩耍时的天马行空，更是成年人创新时的灵感源泉。从古至今，正是想象力帮我们创造出了无限可能，让我们今天能够坐着飞机上天，乘着轮船渡水，甚至登上曾经只能用想象去描述的火星、月球。

想象力是我们每个人与生俱来的能力，但真正能够抓住想象力并改变世界的人并不多。这是因为，任何人想象的内容都不是凭空出现的，而是基于我们已有的知识和经验。就像古代农夫想象皇帝的生活是用金锄头锄地一样，你很难将想象力突破自己的认知范围。所以，要想拥有丰富的想象力，就必须涉猎广泛，多读书，多观察，多思考。同时开放思维，广泛接收不同的观点和想法，源源不断地为大脑提供灵感素材。

另外，只有想法，不去实践，想象自然也就成了空想，当然不可能有所创新，更不可能改变世界。想象力和创造力需要实践和经验的支持，随时记录下你的奇思妙想，深入学习相关领域的知识，动手去做，看看是否可行，才有可能将想象力转化为改变世界的创造力。不要害怕失败和挫折，只有不断地尝试，我们才能发现新的机会和可能性。

3 如何从第一步走到最后一步？

三个秘诀让你做事有始有终。

一到新学期，我们就喜欢树立目标：从这学期开始，要每天提前完成作业！要进步十几名！还要……结果还没坚持两三天，目标的小旗就"轰"的一声倒了，我们又没能走到终点。其实，要想有始有终，令人刮目相看，也是有秘诀的。

首先，要想有始有终，目标设定就要合理、具体和清晰，确保能坚持下去。一年坚持读 20 本课外书是个不错的目标，但从时间跨度上来看似乎有些大，不如先从每天读书 30 页这样的短期目标开始。

其次，在将目标细化到每天后，我们可以设置打卡和奖惩环节，为自己加点动力。如果今天已坚持锻炼超过 30 分钟，就可以奖励自己多休息一会儿，或者多看 10 分钟视频，通过这种方法来激励自己坚持到终点。相反，如果哪天忘记了，就要接受一个小惩罚，比如少玩 10 分钟游戏。

最后，我们还可以借助他人的力量，监督自己进步。可以和家人、同学分享自己的目标和奖惩机制，请他们每过一段时间就检查一下我们的进度，帮我们做个小总结。

迈出第一步非常重要，而坚持到最后更值得钦佩。让我们专注前方，坚持到终点吧！

4 养成一个好习惯，需要多少天？

养成好习惯的关键在于重复的次数，而非天数。

妈妈总是吐槽你没有好习惯，于是你走进书店，发现里面有琳琅满目的好习惯养成书籍，有的写 21 天，有的写 28 天，还有的写 66 天……你不禁挠头，仰天问道："养成一个好习惯，到底需要多少天？"

伦敦大学曾做过一项实验，让 96 名志愿者选择自己想要养成的习惯，然后持续 84 天，看看有多少人能够形成习惯。结果，有人只用了 18 天就形成了习惯，而有人到了实验结束依然没能养成自己想要的习惯。另外，习惯的养成不仅因人而异，还会因你想要养成的习惯本身的难度不同而有所区别。习惯的难度越低，养成时间就越短，反之则越长。不过，这项实验还有一个很重要的发现——行为必须经由大量重复才能变成习惯，中间间断一两天并不会产生太大的影响。

大量科学研究已表明，习惯是由重复的频率、次数决定的，而不是时间长短。我们的大脑很神奇，你每重复一个动作，就会激活一个与这个习惯相关的特定神经回路。在你持续不断的练习和重复中，习惯自然而然就会养成。既然是好习惯，我们自然想要它陪伴一生，至于到底用了多少天才将它养成，又有什么关系呢？

5 假如你想成为一名医生

心怀对生命的敬畏，朝着目标努力进发。

我们听过很多医生救死扶伤的感人故事，也在自己生病时感受过医生的细致与精良医术，于是，成为一名医生便成了很多小朋友的梦想，其中是否也包括你？

成为医生是一个很伟大的梦想，不过，要实现这个梦想并不容易。医生担负着防治疾病、维护人类健康的使命，要经过长时间的学习和训练，更要有不畏困难、执着追求的信念。

而且，医生分很多不同的类别，如内科医生、外科医生、儿科医生。每个类别的医生都有自己的专业领域，需要具备不同的技能和知识。比如，外科医生需要有精湛的手术技术，儿科医生则需要懂得如何与儿童沟通，了解他们的需求和心理状态。正因如此，要成为一名医生，除了拥有扎实的专业知识与技能，还需要拥有很多素养，如耐心、细心、责任心、沟通能力、团队协作精神等。

如果你也想成为一名医生，那就现在开始行动吧！努力学习，掌握扎实的学科知识，保持对生命的尊重和敬畏，从身边点滴小事做起，培养自己的责任心。相信只要坚持不懈，总有一天你也能够穿上那身神圣的白衣，拯救更多被病痛折磨的患者。

6 为什么锻炼身体很重要?

生命在于运动。

从出生开始,身体就一直伴随我们成长,是我们最宝贵的财富之一。不过,你或许会感觉到,身体有时貌似不太能配合我们的成长需求。比如,经常感冒生病,学习一会儿就困倦无比,或者跑一小会儿就四肢酸痛、头昏脑涨……

要让身体保持健康且精力充沛,健康的饮食、充足的睡眠和适度的运动,三者缺一不可。我们通常会自觉地吃饭、睡觉,但往往会忽略锻炼身体的重要性。

事实上,有规律的体育锻炼不仅能增强体能,塑造肌肉,锻炼心肺功能,还能提高身体的免疫力,降低生病的频率。运动时血流速度加快,血流量增大,能给大脑提供更充分的氧气,让大脑更敏捷。青少年经常进行体育锻炼还能提高骨骼性能,使骨骼生长速度加快,促进身体生长。另外,运动还会刺激一种让人感到快乐的物质——内啡肽的分泌,让我们的情绪更加积极乐观。

体育课是一个让我们了解自己身体和运动潜能的好机会,找到自己喜欢的运动——跑步、打球、游泳等,激活自己的身体,让全身的机能良性循环起来,学会自我照顾。毕竟,身体是你一辈子的伙伴。

7 平衡能力，身体隐藏的"超能力"

身体更平衡，身心才能更平衡。

体操运动员在平衡木上翻转、跳跃，滑雪运动员在空中做高难度技巧动作，芭蕾舞演员连续转圈后优雅定点。这里面每一个令人惊叹的表演动作，都需要强大的身体平衡能力作为支撑。

平衡能力是由小脑、内耳前庭系统、视觉系统、肌肉等身体器官统合调节的系统工程，是我们维持一切活动的基础。坐立需要静态平衡能力，跑跳需要动态平衡能力，骑自行车、滑滑板、跳绳等则需要控制重心，协调各个肢体部位的动作。

锻炼平衡能力，不仅能够提升身体的灵活度、协调性和反应能力，降低摔倒受伤的风险，还能提升我们的专注力和思考能力。令我们准确、高效完成动作的手脑协调过程能让我们的思维持续活跃，帮助我们更加积极、主动地适应环境，解决问题。

平衡能力虽然看起来好像"超能力"，但其实锻炼起来也有方法。比如，单脚站立、蹲马步，还有丢沙包、木头人等游戏都可以锻炼平衡能力。无论采用什么方法，只要遵循由易到难、由静态到动态、身体重心由高到低、支撑面由大到小、由睁眼到闭眼的原则，坚持训练，终有一天你会发现，自己无论姿态、气势或是注意力，都早已变得截然不同。

8 参加运动会，教会我体面地接受比赛结果

运动会不仅是竞技的较量，更是成长的历练。

竞技体育的每一种比赛项目都隐含着对我们肢体运动能力的考验和挑战。投掷垒球、实心球等项目，锻炼的是上肢力量；短跑、立定跳远等项目，考验的是下肢爆发力；1500 米、3000 米之类的长跑项目，挑战的则是心肺能力与耐力……每一次冲刺，每一次跳跃，都会令我们感受到前所未有的成就感，这源自我们对自己的挑战和超越。

参加学校举办的运动会，我们不仅能获得与其他同学比拼体能的机会，更难得的是，可以锤炼自己不惧面对比赛结果的稳健心态。有比赛就会有输赢，赢得比赛，不要骄傲自满；输了比赛，也不要灰心丧气。毕竟，重要的是体会参与运动的过程中，为了达到目标而付出的努力，以及为集体荣誉拼搏奋斗的责任感与成就感。

在集体项目中和其他同学为了共同的目标团结协作，无论结果如何，我们都会收获有凝聚力的团队魂，这也是另一种层面上的赢。毕竟，和同学一起利用课余时间参加训练、制定战术，这些共同度过的时光都是我们一生中无可替代的美好回忆。

坦然面对比赛结果，珍惜每一次参与运动会的机会，别给校园生活留下遗憾。

9 怎样实现良好的团队协作？

团队协作能力是需要学习和培养的。

生活中，我们经常会遇到需要团队协作的时刻。学校里组织的运动会、合唱比赛、科技竞赛等，都需要大家配合默契才能取得好成绩。

正所谓"人多力量大"，团队协作可以让我们更好地完成任务。在团队中，每个人都有自己的强项和弱点，通过明确的分工协作，我们可以互相补充，提高效率，更快、更好地完成任务。然而，并非很多人凑在一起就能成事，想要实现良好的团队协作，也是需要智慧和技巧的。

首先，团队里要做到合理分工，每个人都根据自己的能力和兴趣找到自己在团队中合适的定位，最大限度地发挥自己的优势。同时，团队还要确立明确的目标和规则，这样团队成员才能齐心协力，朝着一个方向共同努力。另外，能否做到保持良好顺畅的沟通，每个人都对自己的行为负责，避免冲突和争吵，也是团队协作能否顺利进行的关键因素之一，否则就很可能陷入"三个和尚没水喝"的窘迫境地。

团队协作考验的是团队中所有成员的智慧与能力，需要大家共同努力，只有这样，才能更好地完成团队任务，提高效率，增强团队凝聚力。

10 骄傲的正反面

骄傲并非坏事，我们需要的是把握好骄傲的程度。

"妈妈真为你骄傲！""别骄傲啊，骄傲使人落后。"你是不是总会听到类似这样矛盾的话，让你感觉很迷惑？

事实上，正如汉语词典里对"骄傲"有褒义和贬义两种解释一样，骄傲是一种复杂的情感，既有积极的一面，也有消极的一面。某些情况下，适度的骄傲可以激励我们追求更好的表现和成就，但骄傲过了头，我们的判断力和理智就会被削弱，从而陷入盲目自信和自大之中，以致做出错误的决策。比如，运动员取得比赛的胜利自然值得骄傲，这种情绪也可以激励他继续努力，争取更好的成绩。但如果他沉迷于这种骄傲情绪，轻视其他选手，不再努力训练，那么下次比赛时成绩或许就会一落千丈。

要想把握骄傲的程度，不被骄傲迷惑了双眼，首先要客观看待自己和所取得的成绩。认识到成绩只代表过去，将成就归因于自己采取的某些正确的行动，如大量阅读、刻苦训练，而不是自己天赋过人。此外，多与他人交流，从他人的观点中获得新的认识和启示，也可以帮我们更好地认清自己，管理骄傲情绪，在不断进取中成长，成为更好的自己。

11 "说话算数"意味着什么？

说话算数，就是你回应了别人的期待。

"你说话不算数！"你是不是时常会听到这句话，或者你自己也曾对某些人喊出过这句话？每个说这句话的人，是不是都非常失望或气愤？

那么，为什么大家都如此在意别人是否说话算数呢？

我们都知道，诚信很重要。然而，一个人有没有诚信，并不是他自己说了算，而是要根据他的言行来判断的。其中，说话是否算数就是极为重要的评判依据之一。

你承诺别人的话，其中承载着别人对你的期待和信任。如果不能兑现，就等于伤害了别人对你的信任，你的承诺在别人眼里也就变成了谎言。这样的谎言累积多了，别人对你的信任自然也就消失殆尽。比如，每次和朋友们约定一起活动，你总是有各种理由迟到或者缺席，他们以后也就不太愿意再约你一起了，因为他们不确定你是否能信守承诺。

俗话说："说出去的话，泼出去的水。"一定要明白覆水难收的道理，话语也是有分量的，说话前一定要深思熟虑，不能信口开河。另外，还要对自己的能力有明确的判断，做不到的事情不轻易许诺，而一旦答应了，就一定要竭尽全力去完成。

12 伤人的话，不要轻易说出口

对自己的一言一行负责，不做"语言刺客"。

"你脸上的雀斑好脏啊。""今天有人没洗澡呀，屋子里怎么臭臭的。""哎呀，这么简单的歌怎么还有人跑调呢？"类似的话语好像自带利刃，会猝不及防地让听到的人受伤。如果说话时再搭配上翻白眼、撇嘴等动作，这就仿佛打出了一套组合拳，"杀伤"效果还会翻倍。

然而，拥有这样的"杀伤力"可不是什么值得骄傲的事。无论说出这些话的人是有心还是无意，都对听者的内心造成了一定伤害，甚至可能会影响他人的未来。比如，被说唱歌跑调的孩子可能会对自己的嗓音失去信心，从此再也不愿意开口唱歌。更严重的情况是，一部分被中伤过的人找不到宣泄的出口，没准还会把"恶"的子弹反射回来，无差别地伤害其他人。比如，有些人会不负责地跑到网络上发表一些阴阳怪气、侮辱谩骂他人的言论，只为宣泄自己的情绪。

"凡走过，必留下痕迹"，人的一言一行都会产生相应的后果，所以我们在日常生活中一定要注意谨言慎行。如果你不确定自己说出口的话会不会伤害到别人，不妨在心里预演一场角色互换的游戏，想想要是你听到这句话，会不会觉得不舒服。相信你一定会有答案。

13 轻声细语，更能让人感受到你的存在

轻声细语有时是一种不容他人忽视的力量。

你肯定遇到过这种情况：哪怕起初只有一两个同学在叽叽喳喳地聊天，过不了多久，教室就会被一片喧哗声淹没；相反，如果有一位同学注意到这样会打扰别人，并刻意压低声音，他身边的同学也会慢慢地安静下来。为什么会这样呢？

当你和其他人同处一个空间时，所有人的行为都会互相影响。我们每个人都有同理心，也就是理解他人、体谅他人的能力。轻声细语能够传递出我们在意他人感受的真诚友好态度，具有打动人心的力量。如果我们善用同理心，多多体谅彼此，那么大家都会获得被尊重的感觉，更有利于人与人和谐相处。这样利人利己，又利于周围环境的事，何乐而不为呢？

妈妈劳累了一天，想要休息一会儿；图书馆里，人们在专心学习，查阅资料；火车、飞机上，有人阅读，有人休息……如果你处在这些场景中，请务必轻声细语，放慢动作，展现贴心、温柔的力量。无论是对家人、朋友还是陌生人，轻声细语都能传递出我们的善意和温暖。

当然，万一你不小心吵到了别人，也不必惊慌，大方、及时地道歉，让对方感受到你的真诚，自然也会获得他人的谅解。

14 我有一个跟别人不一样的爱好

走自己想走的路，不惧他人的非议。

其他女生去学钢琴、小提琴，你却喜欢在足球场上奔跑，于是有人说"你可真不像个女孩"……当别人说你表现得"不像女生"或"不像男生"时，你一定要注意别受影响，因为爱好没有性别之分，每个人都有权利去选择自己喜欢的事物，而那些非议你的人，大概率只是反映了他们的认知局限。

首先，"不像女生"或是"男儿有泪不轻弹"等说法本身就含有一种刻板印象，不要让它们禁锢你的成长方向。

其次，世界上没有一模一样的树叶，也不会有一样的人。每个人从出生起就有只属于自己的路。各人的眼睛，看到的风景不一样；各人的耳朵，听到的乐音不一样。既然生而不同，那就不必去跟别人比较，更不必去复制别人的路。

再次，每个人的人生都由自己主宰，若你热爱某项事物，那就坚定地去追求它。像邓亚萍，14 年艰苦训练的运动员生涯，让她摘获了 18 枚世界冠军奖牌；像林肯，坚定自己的选择，最终成为美国总统。

向着自己真心热爱的方向坚定前进，你会发现一条自立、自强、自尊的专属之路。至于别人说什么，就将它们看作随风而去的尘埃吧。

29

15 彼此还不熟悉，我要不要先开启聊天话题?

与人交流时，遵从自己内心的意愿。

很多人只在熟悉的环境里才会滔滔不绝，一旦遇见不熟悉的人，他们或许就不大能自如地交流了。你知道吗，这种现象其实与社会学中的两个概念——"强联系"和"弱联系"有关。

强联系指的是与你处在同一个社交圈子中的人，比如家人、同学、朋友，你们相处的时间较长，共同话题也更多，交流起来自然滔滔不绝。弱联系指的则是在你熟悉的圈子之外但关系又不算太远的人，他们可能是你不常联系的远房亲戚、朋友的朋友，又或者是一起参加过同一个兴趣班的同学。面对处于弱联系中不熟悉的人，主动开启社交话题有时会显得刻意，难免令人尴尬，于是我们就可能会陷入要不要主动聊天的纠结中。

其实，如果是在公交车上给孕妇让座，我们只需要说一句"请坐在这里吧"，并不会有什么尴尬。如果在亲戚的婚礼上遇到了不熟悉的长辈，为了表示尊重和礼貌，我们也需要主动打个招呼。

归根结底，是否主动开启聊天话题并无固定答案，它取决于具体的场合、对方的情况以及我们自己的内心感受。但无论如何，我们都应保持开放和友善的态度，勇敢迈出社交第一步。

16 敞开内心，体会分享的快乐

> 分享是让快乐翻倍的小魔法，只要用心，每个人都能学会它。

朋友参加市里的演讲比赛得了大奖，他把这个好消息分享给你。你替他感到高兴，提出一起去吃饭庆祝，顺便请他讲讲从准备到参赛的过程。朋友一听更高兴了。通过分享这个行为，你们俩都收获了一份快乐。

分享是一件神奇的事情，因为分享的内容没有界限，只要是能引起你情感共振的事物，都可以分享。知识可以分享，秘密可以分享，美食可以分享，好心情也可以分享。

更神奇的是，分享可以带给我们愉悦的感受。因为在分享时，我们其实是在表达自我，对方的倾听和反馈会让我们感到被认同、被重视，进而更加快乐。快乐的事与人分享越多次，它的价值就越大，这就是孟子所说的"独乐乐不如众乐乐"。

另外，分享还会带来意外的收获。比如，互联网有免费共享的数据，开发者可以通过使用者的反馈来优化自己的模型。又比如，你向朋友分享自己去美术馆参观的感受，朋友正好很喜欢那个画家，和你探讨他的创作理念，你们聊得十分投缘，一起畅游艺术世界。

保持开放性的心态，多去感受和体验，愿你发现生活中更多的美好，并将这些美好分享给大家。

17 "转校生"快速适应大法

三条快速适应大法，助你迅速融入新集体。

作为"转学生"来到新学校，你是否会感到孤单、无所适从，一时不知该如何融入新的集体？从陌生到熟悉是每一段关系都必然经历的过程，所以请不要焦虑，来试试下面这些快速适应大法吧。

首先，从留下好的第一印象开始。心理学上有一个概念叫"首因效应"，也叫"第一印象效应"，讲的是给他人留下的第一印象越好，越有利于发展人际关系。所以，进入新集体时，通过整洁的服饰、礼貌的态度、微笑的表情，来给大家留下好的第一印象吧。

接下来，你可以试着在新集体中结交"第一个"朋友。不如先和座位离自己最近的同学聊一聊，或许能发现彼此共同的兴趣爱好，进而增加课余活动时交流的机会，从同学升级为朋友。而且，社交关系是按照圈层扩散的，结交了第一个朋友，就有机会进入他的社交圈，进而扩大自己的社交半径。

此外，主动报名参加集体活动，也是快速融入新集体的捷径。报名参加运动会上的体育项目就是不错的机会，你会为集体荣誉而努力，同学们也会给你加油打气，大家团结在一起。

相信有了这些适应大法，你一定能在新的环境中如鱼得水。

35

18 网上冲浪，遭遇虚假信息怎么办？

保持理智与思辨，让网络成为帮手而非"凶手"。

网页跳出广告弹窗，你会点击吗？出现"惊现不明飞行物"这样一条网络新闻，你会相信吗？

日新月异的技术和便捷的数字媒体，让网络成为我们重要的学习工具和社交平台。新闻热点、百科常识、购物信息，甚至是难题解答，只要你敲下键盘，成百上千种结果瞬间呈现。但不可避免地，虚假、错误的信息也以千百倍的速度扩散。

面对海量信息，我们首先要明确自己的上网目的，重点浏览和收藏对学习、生活有价值的信息，不沉溺于网络热搜话题，不在无关的信息上浪费时间。同时，我们需要提升自己的"媒介素养"，要有分析、质疑和思辨的能力。多关注官方账号和权威账号，判断前先思考，不跟风转发缺乏证据的观点和煽动情绪的言论，避免成为网络谣言的受害者或参与者。另外，还要多渠道收集信息，避免"信息偏差"。比如，看到网上说吃核桃补脑，我们不要轻信或照做，而应先到图书馆查阅资料，全面、准确地认识核桃的食用功效后，再做判断。

当然，很多时候，对于网络上的虚假信息和不实报道，我们很难立刻做出辨析，此时更要保持理性，耐心等待权威解读，在不明真相时，不随意散播，共同维护文明健康的社会环境。

37

19 秘密到底守不守得住呢？

保守他人秘密的秘诀是，让对方知道无论发生什么，你都会尊重和陪伴他。

好朋友突然把你带到没有人的地方，压低声音神秘地说："我告诉你一个秘密，你不要说出去……"这是常见的交代秘密的情景。一个人将秘密告诉我们，意味着他认为我们值得信赖。而保守一个人的秘密也是我们尊重他的表现。

然而，我们听到秘密时内心有多兴奋，保守秘密就会有多煎熬。毕竟，保守秘密可不是那么容易做到的事。一方面，我们的大脑要持续处理许多任务。保守秘密意味着既要记住一条重要的信息，还要时刻提醒自己守口如瓶，这就为大脑平添了不小的压力，使它很容易出错，让我们一不小心说漏嘴。另一方面，人人都有好奇心，有人会出于好奇来打探，而保守秘密的人也会好奇他人对于秘密的反应，这可是一种双向的诱惑。

那秘密究竟守不守得住呢？其实还是有办法坚守的。首先，我们要尽量磨炼自己的定力，抵御八卦的诱惑。其次，我们可以根据秘密的内容来寻找合适的出口。比如，朋友告诉你，他为长了一块丑陋的胎记或抄了别人的创意而感到痛苦，与其帮他保守这样的秘密，不如鼓励他接纳自己，或主动承认错误。

无论秘密最后会不会被暴露，重要的是要让将秘密悄悄告诉你的那个人知道，你会尊重他的意愿，并陪伴在他身边。

20 当你感到委屈时……

如果你把委屈压抑在心中，身体里上亿个细胞都会感到难过。

偶尔忘记清理桌面，被家长指责做事邋遢；路上堵车导致迟到，老师不问理由就严厉批评……当遭遇不公正的对待或被他人误解时，我们会不由得鼻子发酸、眼眶发红，甚至"哇"的一声哭出来。这是因为我们感到委屈，心态失去了平衡。

委屈与对认同的渴望程度有关。人类是社会性动物，几乎每天都要和他人互动，所以存在着自我认同和被他人认同的心理需求。我们之所以感到委屈，一方面是因为自己的付出和得到的结果不对等，没办法达成自我认同；另一方面是因为我们在意他人的看法，不希望被他人误解。

然而，很多时候我们都忘记了一个事实：别人站在自己的角度或立场看到的事物，往往并非事实的全部，没人能考虑周全。这时就需要我们尝试和对方进行沟通，哪怕不能找到完美的解决方案，也要及时将自己的看法和真实的感受表达出来。而且，委屈这种情绪最不适合默默消化，不然身体里的上亿个细胞都会没法专心工作，久而久之会对身心造成负面影响。

下次再感到委屈时，你可以先冷静地想一想，这是全部事实吗？也请你不要压抑，将自己的委屈讲给对方听吧。

21 吵架是怎么发生的？

吵架只是表象，吵架背后的价值观、侧重点才是需要你去平衡的东西。

班级里，学校里，甚至家里，你好像时不时地都会看到吵架的情况，当然，也有你自己身陷吵架当中的时候。你会不会很疑惑，为什么会吵架，吵架又是怎么发生的呢？

吵架是激烈的情绪表达方式，是正常讨论之中情绪失控的表现。人们之所以会在吵架中变得激动，实际是试图通过这种方式让对方看见自己，认可自己。吵架源于自己的需求未被满足，激烈的情绪表达则是试图引起对方的注意，把对方引导到自己的认知领域。

吵架的双方往往都坚定地认为自己的想法是对的。这种沟通上的不同频、认知上的分歧，是吵架产生的原因之一。有些时候，"错"与"对"是相对的，你的观点正确不一定代表对方的就是错误。如果强硬地让对方改变，强迫对方接纳你的观点，这种沟通就很容易发展成情绪激烈的"吵架"。

当然，我们也不必惧怕吵架。吵架虽然低效，但也是沟通方式的一种，至少你能在争吵中真诚地表达自己，说出分歧所在。只是千万要注意，不要在情绪的支配下，从讨论事情延展到人身攻击，从口舌之争发展到拳打脚踢，避免将为了解决问题的争吵升级成单纯的情绪宣泄。

22 讨论组里遇到爱抬杠的同学

你永远无法改变一个缺乏自我认知的人。

同学们正在讨论老师安排的课题，这时冒出了一个爱抬杠的同学，无论别人说什么，他都会插一嘴跟对方唱反调。你问他的观点，他又不能自圆其说，原本热络的讨论氛围瞬间降到了冰点，这可怎么办呢？

爱抬杠的人通常没有自己的理解和思考，只喜欢不讲事实、不讲逻辑地为了反驳而反驳，并借此寻找存在感，或者借此掩饰自己的无知与自卑。这其实就是心理学上的"达克效应"——知识越丰富的人，往往越谦卑谨慎；而越没有见识的人，往往越狂妄自大。另外，对于一些人而言，抬杠还是他们情绪宣泄的途径，驳斥、激怒他人可以让他们获得心理上的快感。

遇到这样爱抬杠的人时，我们首先要确保自己的情绪稳定，无论如何都要沉住气，不生气，更不要急着反驳。你的反应越激烈，往往越正中他们的下怀，让他们感觉越开心。而且，他们还会将你拉到他们的思路上，让你也在不知不觉间陷入抬杠的状态。

通常，我们可以选择无视，抬杠的人发现无人关注自己，或意识到自己的无趣后，就会知难而退。或者，我们也可以尽快结束话题，另选时机再进行讨论。

23 学会拒绝，也是成长的一部分

拒绝不等于冷漠或者无情，而是智慧的一种体现。

生活中，我们经常面临各种请求和要求，有些我们能接受并愿意去做，但有些我们不想做或不能做，这时就需要学会拒绝。

很多人可能会感到为难，害怕看到别人伤心失望，或者担心拒绝对方之后会被别人看不起或失去朋友。但我们要明白，拒绝并不是一件错事，它是人际交往中一种正常的回应方式。汪国真说："只要理由正当，欣然允诺和坦率拒绝，都是没有任何理由被指责的。"一味地委曲求全，只会让你迷失自我。同时，帮助别人也是需要能力的，勉强答应却做不到，也会给别人带来痛苦。只有率先尊重自己的感受，保护自己的利益，才叫真正的尊重他人。

拒绝别人时，我们可以尽量表达自己的实际想法和感受，同时尊重别人的意见和决定，让对方理解，你之所以拒绝并不是因为讨厌他。当然，如果你委婉拒绝依旧不能让对方放弃，那就干脆直接一点——那些会因一次拒绝就远离你的人，也根本不可能成为你真正的朋友。

学会拒绝是成长的必经之路，真诚而友善地表达自己的想法，能让你成为更加成熟、理性的自己，也能让你遇见真正志趣相投的朋友。

47

24 朋友难过时，我能做什么？

最好的安慰是陪伴与理解。

你开开心心来到教室，却发现朋友正难过地埋头哭泣，你有点不知所措，想要上前安慰，却又感觉无从说起……

事实上，每个人都会有难过的时候，看到朋友难过时，可以想一想，如果难过的是自己，你会希望朋友怎么做呢？

难过只是一种情绪，而背后一定有产生这种情绪的原因。先帮助朋友纾解情绪，再解决背后的问题，才能真正帮助朋友走出阴霾。你可以像往常一样自然地跟朋友打招呼，然后默默陪伴在旁边，在对方需要时及时递上纸巾。简单的陪伴就足以代表你对朋友的关心与支持。

等到朋友情绪稳定下来，愿意开口之后，你可以再去询问具体原因，想办法一起解决。如果朋友遇到的是无法解决的事情，你可以想办法转移对方的注意力，比如谈论有趣的新发现，传递积极向上的情绪。

当然，朋友状态特别差的时候，很可能无法及时回应你，这时你可以在心里告诉自己："我是社牛，我不害羞！"不要觉得尴尬或难堪，时间会治愈一切，而你的陪伴与包容必定会帮朋友更快地走出困境。

25 擦亮双眼，挖掘别人的过人之处

每个人都可能成为值得我们学习的对象。

妈妈跟你说 A 同学在回家路上帮自己捡起散落一地的苹果，真是个好孩子，希望你向他学习。你惊讶地问妈妈："你不是一直都希望我向成绩优异的尖子生学习吗？ A 同学的学习成绩还没我好……"妈妈回了你一句："三人行，必有我师。"

对孔子的这句名言，你当然耳熟能详，只是你总以为只有师长、专家或者一些更优秀的人才值得自己学习，却忽略了其实身边的每个人都有可能是我们学习的对象。其实，只要愿意擦亮双眼，细心观察，你就会发现周围的人个个都有过人之处。比如，A 同学成绩一般，但乐于助人；B 同学敏感爱哭，却积极参与班级活动；C 同学不擅长解题，但总能活跃班级气氛。而且，发现他人的优点和长处，并不等同于承认自己不优秀。相反，这也是在提醒我们，自己还有成长和进步的空间。

不过，发现了他人身上的优点，我们也不需要全部无条件地学起来，而是要全面地思考和评估自己的情况。比如，D 同学擅长打篮球，但你并不喜欢冲撞类的球类运动，那不如换个角度尝试，可以学习对方定期锻炼的好习惯。

这样来看，身边优秀的人好多呀！挖掘他们的优点，为自己汲取生活的智慧吧。

26 好朋友犯错，要假装看不见吗？

不要因为害怕失去朋友而放弃自己做人的原则。

期末考试结束了，你的好朋友小 A 平日成绩优异，这次的考试成绩自然也不错。可你却无法像往常那样祝贺他，因为你在考场上看到他和邻座的考生传了小纸条。你不想把这件事直接告诉老师，万一小纸条的内容跟考试没关系，那不是会害得小 A 被取消成绩？可你也不知道该如何跟小 A 开口，因为怕失去这个好朋友。

你的烦恼看似很小，实则暗含着一个不容小觑的议题："情"与"理"哪个更重要，又该怎么平衡？

我们不妨来梳理一下。其实，你心里清楚，不管小 A 所传小纸条上写的内容具体是什么，跟考试有没有关系，他所做的事都是不对的。因为他的行为不仅违反了考试规定，更重要的是违背了诚信，这是于理不合的。而且，诚信是立身处世的重要原则，一个不讲诚信的人在世上是难以交到真心朋友的。

另外，知错就改，诚心接纳别人的批评，是为人处世的重要原则。

所以，请你放心大胆地去找小 A 聊一聊，诚心诚意地帮他认识到自己的行为于情于理都不正确，而这样的沟通会让你们二人获得共同的成长。

27 想取得别人的原谅，我们该怎么做？

不小心伤害了别人，真诚主动地道歉，是对自己和他人都负责的表现。

生活中，不管是有心还是无意，我们难免会伤害到别人。这个时候，我们不能对自己造成的伤害避而不谈或推卸责任，而是应该主动承认错误，及时做出弥补，争取得到他人的谅解。具体到行动中，有以下几方面你可以多加注意。

首先，要从自身出发，反思自己有哪些不当行为让对方受到了伤害。毕竟向别人道歉不是看到对方难过，简单说一句"对不起"就可以了，而是要明白自己究竟错在哪里，端正态度，为自己的行为负责。比如，"真抱歉，我把你借给我的笔弄丢了，我错了，是我没有细心保管好，我会赔你一支新的。"

其次，找准时机主动沟通，让对方感受到你的诚意和关心。去得太早，对方的负面情绪还未抒发，恐怕无法冷静下来听你道歉；去得太晚，又会让对方觉得你缺乏诚意。看准时机去道歉也是体察对方情绪的一种真诚表现。

再次，选择登门道歉时，可以带上一些小礼物。如果你想更深刻地检讨自己，手写一封道歉信也是一个不错的选择。

最后，无论对方是否原谅你，你都要接受这个结果。因为不管怎样，我们每个人都要为自己的言行举止负责。谨言慎行，世界才能更平稳地运转。

28 别人都说好吃的东西，就一定好吃吗？

实践出真知，好不好吃，应由自己的舌头说了算。

学校附近开了家人气很旺的餐馆，人人都说这里的食物很好吃，你去尝了一下，发现味道并不好，可当朋友问你好不好吃的时候，你却违心地说了"好吃"，为什么会这样呢？

这其实是一种从众心理，指个人会受到外界人群行为的影响而改变自己的想法。这是一种很普遍的心理现象，并且在某些情况下还能起到积极作用。比如，团结一致，快速实现共同目标；抵制不良行为，维护良好社会秩序。

然而，它还是一把双刃剑。心理学中有个"羊群效应"，是说缺乏自主判断的羊，很容易被群体裹挟，迷失自己的方向。物理学家福尔顿因为对传统理念的屈服，没有公布他用新方法测量得到的固体氦的热传导度数值，导致他错过了震惊科学界的机会，追悔莫及。盲从不仅会导致个体思维的丧失，还会对错误的事情推波助澜，让你成为传播不实信息中的一员。

当然，在群体中做"异见分子"确实需要勇气，但"实事求是"才应是我们做事的基础。相信自己的判断，是非常可贵的。即使是对所谓的真理，我们也要有大胆质疑、小心求证的勇气。只有坚持独立思考、明辨是非，才能成长为独一无二的自己。

29 不是我的书桌，需要帮忙整理吗？

这个世界遵循能量守恒定律，付出一份善意，也会收获一份善意。

学校近期在进行文明班级评选，卫生检查是考查中的一项。检查委员就快来了，你却发现有个同学的书桌还乱糟糟的，该不该帮他一起把书桌收拾整齐呢？

事实上，只要得到对方的允许，帮他整理书桌并不会占用你太多时间，却会让你赢得同学的感谢，还有可能为班级争得荣誉，何乐而不为呢？其实，像这样只需付出举手之劳就能完成的好事，遍布生活的各个角落，千万"勿以善小而不为"。

心理学上有个术语叫"利他行为"，讲的是一种以帮助他人为目的而自愿做出的行为。一般来说，这类行为对自己没有立竿见影的益处，能做到的话，是一种很高的境界。不过，即使暂时不能习得这种境界，我们也可以提醒自己，在做人做事时，多从他人的角度出发，不要只考虑自己的利益，同样也能做出很多力所能及的好事。

生命是有回响的，付出爱，就会收获爱；付出善意，就会收获善意。你帮了同学，也会有其他人在不经意间帮助到你。心怀善念，我们就会发现生活中的更多美好；主动承担，是我们成长的必经之路。多做力所能及的小善事，多帮别人一个忙，会让你收获更多正向评价，让生活更加明媚精彩。

30 不惧离别，感恩每一次相遇

有时，离别是为了未来更好地再相遇。

曾经流传过这样一组数据：我们一生会与 8 万人擦肩，与 2 万人打招呼，与 3 千人熟悉，与 200 多人亲近。这些可能与你亲近的 200 多人，分布在我们生命的各个阶段。世界上有几十亿人，注定了每次相遇都难能可贵。

当然，那些走进我们生命的人，不会每个都与我们亲近。即便如此，我们也要学会感恩每一次相遇，因为不同的人会带给你不同的生命体验，让你的生命更加精彩。与此同时，对那些与我们志趣相投并能成为朋友的人，我们更要格外珍惜。

我们一生中会跟很多人结下友谊。对每个人来说，友谊都是珍贵的，因为它可以带给我们安全感和快乐的情绪。然而，友谊又是复杂的。可以试着回想一下，幼儿园时的朋友，你现在还联系的有多少？你曾经亲密的朋友，是不是也有了新朋友？我们的喜好、价值观是吸引彼此成为朋友的原因，但你在不断长大，你的标准也在变，与你志趣相投的人也随之不断更换。因此，变化、离合也包含在友谊之中。

"感恩相遇，不惧离散"，是我们的人生必修课。离别虽然伤感，但只要我们在相聚的时候彼此珍惜，就对得起相遇一场。

31 老师有道题好像讲错了，我要告诉他吗？

大胆质疑，小心求证，有理有据地表达观点，才是认真探求知识的态度。

课堂上，老师讲解的一道题和你的理解不一样，你怀疑老师讲错了，不知道要不要提出来，内心很是纠结。你对知识的热爱、严谨认真的态度和敢于质疑的精神都非常值得鼓励。不过在采取行动前，有几点建议希望你能多加思考。

首先，你会犹豫是因为你觉得老师应该不会出错，因而对自己产生了怀疑。我们要明白，老师也是人，是人都会犯错。这并不是对老师能力的否定，而是对他们的尊重。老师也需要我们的理解和支持，我们的发现和指正，说明了我们在认真听讲并积极思考，这正是对老师工作的肯定和鼓励。

其次，持有怀疑精神是好事，但质疑要有理有据。先把有疑问的地方标记下来，课后仔细查阅资料，确定自己的判断有没有问题，这样才是认真探求知识应有的态度。

最后，希望你可以在合适的时机去找老师沟通、探讨，尽量不要在课堂上直接打断老师，这样既避免老师陷入尴尬，也不会影响讲课过程。

在学习的道路上要敢于质疑，勇于求证。只要用正确的方式去面对和解决问题，我们不仅能学到知识，还能学会如何与人沟通、如何尊重他人，让这段经历成为自己重要的成长助力。

32 遇到不喜欢的老师，就讨厌这门课？

不喜欢某位老师是你的权利，但作为学生，学习知识才是硬道理。

新学期开始，你们换了新的任课老师。一段时间后，你感觉不太喜欢这个老师，甚至连带着讨厌起这门课，成绩也开始下滑……遇到了不喜欢的老师，真的可以作为不好好学习这门课的理由吗？

首先我们要明确，你之所以要学习，是为了能让自己有一个美好的未来，而不是为了老师，老师只是恰巧承担了你某一门课程的授课工作。如果因为不喜欢任课老师而耽误了这门课的学习，你将要面对的是这门学科的知识断层，而对老师则不会产生任何影响。

老师的职业标准是教书育人，而不是日常社交。每个班级都有很多学生，老师不可能照顾到每个人的情绪。或许，你的情绪，老师根本就没有注意到。如果对老师的授课方式不满，你可以真诚地与老师进行沟通，而不是沉溺在那些你不喜欢的因素中自暴自弃。

如果问题实在解决不了，你也不必勉强自己去喜欢他，而是要明白，人无完人，既然改变不了对方，并且学知识才是首要任务，我们就要学着去接纳对方，忽视对方身上你讨厌的那些缺点，只认真地跟随他学习课程知识就好。

33 善恶分明，说出自己的不满

对恶行勇敢说"不"！

学校里有人欺负同学，网络上流传着对某个人的恶意攻击，新闻里报道人贩子拐卖儿童……要想杜绝这些恶劣的不良事件，需要我们大家每个人都出一份力。惩恶扬善的人越多，善的力量就越大，我们才能获得更多的保护。

所以，如果看到恶行，请你一定要鼓起勇气表达自己的态度，增加善的力量。不过千万要记住，务必要先确保自己的安全哟。比如，你在街上看到有小朋友被两个人架在中间，好像失去了行动能力，而架着他的人看起来也很紧张。于是，你猜想这个小朋友会不会遇到了坏人，这时你可以把自己的想法告诉爸爸妈妈，请他们一起观察，并判断要不要干预。

除了用"要做什么"来表达不满，我们还可以通过"不做什么"来表达。比如，你的同学和网友起了争执，喊你帮他去网上抹黑这个网友，引其他网友去责骂他。这种时候，拒绝参与其中，就是表达自己对"网络暴力"不满的最佳方式。

恶人大都欺软怕硬，要让坏人知道你不好欺负，他就不敢继续作恶。"没有人是一座孤岛"，大胆说出自己的不满，我们对恶行表达的每个"不"，都是对自己以及我们所爱之人的保护。

34 如何面对别人的不友善言语

面对以恶语博取关注的人，选择"不在乎"是对他们最好的回击。

"这题都不会，你也太笨了。""你这衣服可真难看。"……生活中，你总会听到类似这样的不友善言语，它们像飞镖一样扎进你的心里，给你带来巨大伤害。

这种时候，明确表达不满可以快速让对方知道你的界限。你可以说："你刚刚说的话让我很不舒服，你这样很不尊重人，请停止！"

如果对方本来无意伤害你，只是不小心说错了话，在知道你的感受和界限后，就会意识到自己的不对，停止不友善的言语。如果对方是故意的，在你表达不满后，他可能不仅不会停止，反而会变本加厉，此时你就更应该冷静对待了。

恶语者的恶意不是因为你做错了什么，而是他们蛮横外表背后藏着一颗怯懦的心，妄图通过使别人不舒服来彰显自己的"厉害"。所以，不让自己的情绪被对方牵着走，不因为那些恶意言语而影响和贬低自己，是对恶语者的最好回击。

当然，控制情绪不代表漠视伤害，如果你感到受伤，做做运动，到大自然中走一走，和好朋友聊聊天，这些都能帮你快速疗伤。如果所受伤害超出了你的承受范围，记得立即向信任的老师或家人求助，让更庞大的"正义联盟"来做你坚强的后盾。

35 沟通的艺术

会说话不等于会沟通，怎样拉近和对方的距离需要学习。

我们每天都要说话，但并非人人都懂得沟通。这就是为什么有时面对面聊天的两个人会话不投机。不会沟通的两个人，彼此之间仿佛隔着一堵厚厚的心墙。沟通是穿过这堵心墙的大门双向奔赴的过程。而双方都感兴趣的话题便是打开这道门的钥匙。

主动提问是找到共同话题的好方法。不过，不要直接问对方喜欢什么，而可以从自己熟悉的内容展开。比如，和对方聊聊你最近去过的游乐园。同时，我们还要学会观察。观察是理解他人的窗口，通过观察对方的表情、动作和语调，我们可以了解到他人的情绪、态度和需求。比如，你聊起游乐园，对方迫不及待地接过话头，说明他很喜欢这个话题；如果他目光游离，没什么表情，那大概率是不感兴趣。通过观察，我们能更快找到自己感兴趣的人和事，进而找到沟通的切入点。

另外，分享零食或玩具也有助于活跃沟通气氛，拉近彼此的距离。一边聊天，一边分享零食，氛围会更加轻松，还能观察到大家最自然的状态。

灵活运用提问、观察、分享这三种技巧，学会沟通，我们可以轻松找到共同话题，成为社交小能手。

36 长辈的观点是错的，我也要听吗？

不同年代的人观点有差异，但长辈的关爱是永远不变的。

每个人的观点都是基于自己学习、工作与生活经历建构而成的，成长年代不同，我们与长辈的观点自然会有差异，这很正常。长辈成长的时代与生活环境造就了他们勤俭节约的习惯，但那些他们口中常说的"吃烂水果和隔夜饭菜也没关系"等观点，如今早已被证实是不利于身体健康的。

面对长辈们的错误观点，我们可以反驳，但要注意方式。

首先要理解长辈们的用意，接受他们的关爱。无论是出于节约，还是对健康生活持有的一些不科学观点，他们的出发点都是好的。因此，哪怕不认同他们的观点，我们也要表达对长辈们的理解和感激，比如，先夸夸他们注重节约的好习惯。

随后，我们可以化身"小老师"，通过讲解科学知识帮助他们改变一些错误观点。比如，告诉长辈，水果在腐烂后会因微生物的代谢而滋生大量细菌，食用后可能会生病甚至中毒。长辈们那么注重健康，一定会在你的科普下抛弃过时的错误观点。另外，你也可以寻求"中间人"的帮助，比如请求爸爸妈妈帮忙。

切记，不要试图通过一次沟通就改变长辈们的想法，而是多多用爱与理解去包容他们。

37 如何应对以爱之名的束缚？

真正的爱不是"为你好"，而是"愿你好"。

"不吃西蓝花怎么有营养，必须吃！""滑板太危险，还是学画画吧。"……面对这类"我是为你好"的束缚，我们该如何破局呢？

首先，不要硬碰硬，吵架确实可以发泄情绪，但不能解决问题。要说出你的思考，或提出解决方案，把愤怒和指责变为有理有据的沟通，让和你对立的大人来到你的"阵营"。比如，"空心菜和莴苣也一样能为我提供营养。""学习滑板能帮我锻炼平衡能力和肢体协调性，而且，我会戴好护具保护好自己的。"

然后，适时展示自己的才能和进步。大人之所以会用过来人的经验指导你，往往是为了帮你更好地成长，如果你能主动展示自己的才能、进步，并在犯错中获得成长的自驱力，他们就会意识到原来你比想象中更有主见，从而会更有信心给你探索的空间，开始尊重你的个体意识。

最后，记得感谢大人对你的支持和帮助，同时说出你的需要，这不仅会让大人高兴，还能让他们知道该如何更好地配合你，用合作的方式解决分歧。

不否定大人的爱，理解他们的用心，也就能争取到他们的理解，和他们一起面对和解决冲突，走向更好的未来。

38 如果爸爸妈妈对你发火……

不要让怒火烧毁爱意，而要让爱意浇熄怒气。

亲爱的爸爸妈妈向你"喷发愤怒的火焰"，很容易灼伤你的内心，但不要把父母的怒火等同于父母不爱自己，要理解爸爸妈妈也会有情绪上头难以控制的时候。发火总是有原因的，一般会有两种情况。

一种情况跟你有关，那就是你犯了错或做出危及自己、他人安全的事。比如，偷偷下河游泳或拿石头扔同学，这种情况爸爸妈妈自然会担心、生气，也会害怕。温柔的提醒此时已不能准确表达他们的情绪，他们便用发火这种更严厉的方式让你铭记这深刻的教训，防止造成不可挽回的后果。发火或许不是一个好方法，但爸爸妈妈也是在尽力履行他们作为监护人的职责。

另一种情况可能跟你无关，爸爸妈妈因为其他事情而迁怒于你。这对你而言当然是不公平的。这时，你可以等大家的情绪都平复下来后，再向他们说出自己的想法。你可以请爸爸妈妈一起开动脑筋，把精力放到要解决的事情上，然后告诉他们自己不想被当作出气筒。

世上无完人，每个人都会发火，但只要爸爸妈妈和你怀着对彼此的爱，就总能找到更好的应对发火的方式，找出适合你们的"灭火器"。

39 怎么与兄弟姐妹处理好关系？

兄弟姐妹之间彼此包容，互相理解，再怎么"相爱相杀"也是一家人。

在影视剧中或网络上，我们总会看到哥哥宠妹妹、姐姐逗弟弟等温馨又美好的画面。然而，在日常生活中，我们与兄弟姐妹的关系似乎时好时坏，时常因为争夺零食、玩具、书本等发生争吵，甚至会互不理睬，扬言"绝交"，但过不了几天又恢复如常，如胶似漆起来。明明是一家人，怎么还总是"相爱相杀"呢？

在这个世界上，除了爸爸妈妈，兄弟姐妹是与我们关系最紧密的人。兄弟姐妹彼此陪伴，孤独、寂寞的感受都被"相爱"驱散。可与此同时，除去上学和睡觉的时间，兄弟姐妹的朝夕相处，会把彼此身上的缺点和坏习惯统统放大，相处中难免产生摩擦，导致"相杀"。

其实，"相爱相杀"是兄弟姐妹之间再正常不过的相处模式。只要矛盾能够及时得到解决，"相杀"就不会影响我们"相爱"。具体到行动上，我们可以真诚地道歉，也可以主动制造相处机会。比如，聊一聊班上发生的趣事，分享一个连爸爸妈妈都不知道的小秘密或小常识，也可以大家一起来玩个有趣的游戏，等等。

当然，兄弟姐妹之间的关系也是要"经营"的，其中最重要的是要有理解和包容彼此的态度，这点请你一定要记住。

40 爷爷的脑中有个"橡皮擦"

爱与陪伴是治愈心灵的良药。

最近爷爷变得有些不同，他不仅常常忘记刚发生的事，有时甚至都认不出你是谁，这让你很难过。妈妈说爷爷得了阿尔茨海默病，也就是俗称的"老年痴呆"。这是一种不治之症，爷爷的脑中好像多了块橡皮擦，将他的记忆一一擦除，再也找不回来。

面对这种无法治愈的疾病，我们要学会接受和理解，意识到爷爷比以往更需要家人的耐心陪伴和关爱。另外，我们可以尝试用一些措施来帮助他控制病情。

首先，要注意爷爷的饮食和作息。准备健康的食材，同时注意将饭菜切成小块，防止其吞咽时发生意外。作息上要保证休息时间充足，还要注意爷爷在夜间起来活动时的情况，确保安全。其次，要鼓励爷爷进行少量的运动。比如散步或打太极拳，在散步时多陪他聊聊天，帮他舒缓情绪。此外，还可以尝试一些训练记忆的方法。比如，玩扑克牌，拼图或记忆游戏，既可以帮爷爷锻炼记忆力，又能增添彼此之间的互动乐趣。

照顾阿尔茨海默病患者会很辛苦，但还是请你耐心地陪伴爷爷，想想爷爷记忆没被擦去时对你的爱，让他此刻依然能感受到家人的温暖与关怀。

41 长辈们的小时候

听长辈们讲过去的故事，让美好的品质一代代流传。

暑假的一天，你坐在电脑前，和小伙伴玩了一局游戏，爷爷在一旁不禁感慨："现在的游戏不需要见面就可以玩呀，我们小时候都是几个人一起到外面去……"你说太阳那么晒，去外面可是会中暑的。这让爷爷打开了话匣子，而你在爷爷的讲述中，仿佛穿越时光，踏上了一场"寻根之旅"。

小时候，爷爷会跟随父母去田间忙碌，繁重的农活不仅强健了他的体魄，还让他切身体会到"粒粒皆辛苦"的深意。如今他也时常告诫你不要挑食，要珍惜粮食；爷爷和小伙伴一起放飞纸风筝，看它在空中翱翔，激发了他们到外面去看看的渴望，爷爷后来才到城里安了家，如今他也经常鼓励你有想法要大胆去尝试；家里炖了鸡腿，爷爷舍不得吃，留给了小伙伴，他们到现在依旧情同手足，这种情谊令你羡慕……

爷爷现在的德行来自祖祖辈辈家乡人的传承，而你发现爷爷也在身体力行地默默将这些美好的品质和朴素的道理传授给你，希望你将它们继续发扬。

"寻根"不一定要长途跋涉或身临其境，在长辈们的故事中，我们同样可以追溯过去，了解家风和家史，进而更全面地了解自己，将中华传统美德代代流传。

42 奶奶的旧皮箱

像奶奶爱惜老物件一样，珍惜家人的爱与陪伴，
在快节奏的生活中感恩有爱相伴。

如果细心观察，你就会发现，家里的长辈通常留有不少具有年代感的老物件，那都是跟随了他们很久的东西，背后藏着许多故事。家中的一个角落就放着奶奶的旧皮箱，箱子的边边角角早已破损，但奶奶时常坐在一旁的椅子上，擦去箱子上的灰，摩挲着箱子盖。你不禁好奇奶奶为什么这么珍惜一个旧皮箱，于是便找到她，想探索藏在箱子里的秘密。

奶奶得知你的想法，打开了旧皮箱。里面的物件不多，几张粮票、一个老式茶杯、一条白裙子，一顶遮阳帽。但你在奶奶的讲述中，仿佛跟随故事穿越时光，来到了奶奶的年轻时代。

奶奶和爷爷初次见面时穿的就是那条白裙子，它见证了他们相知、相爱、相守，一起度过的快乐时光；爷爷年轻时工作刻苦，办公桌上除了文件，只放着奶奶买来的茶杯，它承载的不只是奶奶的关心，还有他们一起奋斗的岁月……你这才发现，奶奶的旧皮箱中装的其实是温暖的回忆和满满的爱。

和奶奶的生活相比，我们的生活几乎每时每刻都在变换，物品更新的速度也很快，但家人的爱始终不变。用心去感受和珍惜家人的爱意，将来某一天，你也会拥有自己的"旧皮箱"。

老式茶杯

粮票

遮阳帽

白色连衣裙

43 怎么给家人、朋友准备一份恰当的礼物？

礼物最能打动人的部分是你为之付出的真心与行动。

每年的生日或各种节日，你肯定收到过许多礼物吧。那么，你有没有送过礼物，又都是怎么给家人、朋友准备礼物的呢？

一份礼物就是一份真诚的爱。要挑选一份合适的礼物，看似不易，其实也不难，只要发自内心替对方着想，用心挑选对方真正需要且喜欢的东西就可以。不过，要做到这一点，我们一定要足够了解对方。

比如，妈妈爱美，注重外表，那就可以送她一面精致的镜子，或者一把小巧便携的梳子；好朋友喜欢制作手账，你就可以挑选几款精美的手账胶带。当然，可能你对他们的爱好并不熟悉，不知道该怎样挑选出适合他们的那款，这时你也可以请教其他人，比如一起准备礼物的其他伙伴，或者商店里的店员。

另外，准备礼物时还要牢记：礼物的价值在于送礼者的心意，它的意义远大于礼物本身的价格。因此礼物的形式并不一定要拘泥于能购买到的东西，有时候亲手制作的礼物反而更能让对方感动和珍惜。不要担心自己的礼物没有别人的好，因为你对对方的爱和情意是独一无二的，你们一起的经历和相互的了解更是无人能比的。

44 拜年的礼节

欢欢喜喜过大年，开启更绚丽美好的新旅程吧！

农历新年是我们中国人最重要的传统节日，每逢春节，走亲访友必不可少，爸爸妈妈会领着我们上门给尊长和亲朋拜年。这时要注意啦，拜年也是一门学问，其中许多礼节都体现着我们的传统文化。

拜年讲究次序。向家族中的长辈拜年，记得要从辈分最高的长辈开始，一般是爷爷奶奶，然后是父母。给家中长辈拜完年，接着才是外出轮流拜访其他亲戚、朋友。

拜年的行礼方式也有许多种，作揖是最常见的。男生的作揖姿势是右手成拳，用左手将右手包住，以示善意。女生是左手握拳在下，右手在上用手掌压住左手，不抱拳。拜年时手晃 3 下即可。另外，对长辈行作揖礼时，记得还要鞠躬，同时说几句"身体健康""万事如意""春节快乐"之类的吉祥话。接下来，你就会收到长辈给的压岁钱啦。当然，拜年的礼节还有许多，需要我们用心去学习，比如，注意衣着整洁，对长辈的称呼要规范，吉祥话的内容要适宜，要用双手去接长辈的红包等。

从正月初一开始到正月十五元宵节结束，才算完完整整地欢庆了一个"年"，在这期间都不要忘记拜年的礼节哟。

89

45 小孩也需要社交吗？

从小学习社交，做人见人爱、花见花开的小朋友。

爸爸妈妈看到小朋友们愉快玩耍时，总会说："果然小孩子都能玩到一起。"好像小孩不需要花心思社交似的。这可太冤啦！其实小孩也需要通过社交来全面了解自己，同时和别人慢慢建立关系，进而结交到朋友。

我们都知道，每个人都有独特的个性，就像一块块形状不同的石头，有的圆润，有的棱角锋利。由于和爸爸妈妈之间早就形成了稳定的沟通模式，这会令我们偶尔忘记自己这块石头是什么形状。只有和不熟悉的人交往时，我们才会发现，石头的形状有很多，不同的石头待在一起，需要磨合才能更好地相处。这便是我们小孩子需要社交的意义。

因此，我们不仅要跟爸爸妈妈说清楚自己需要社交，希望他们尊重我们的社交方式，还可以向他们请教社交小技巧，让自己更受欢迎。比如，想去找朋友玩时，我们可以认真地跟爸爸妈妈提出来；来到朋友家后，我们可以像爸爸妈妈建议的那样，大方地直视对方家长的眼睛，主动和他们打招呼。

不要再以为小孩的社交就是"过家家"。用心和他人建立关系，真诚去社交，小孩也能从中获取能量，元气满满地面对生活。

46 去拜访别人，记得要提前预约

提前预约既是拜访别人的基本礼仪，更是你尊重对方的直观体现。

你开开心心带着蛋糕去朋友家，却发现朋友不在家，此时你一定很失落吧？不过，换位思考一下，如果别人不预约就来你家拜访，而你恰好在睡觉，你是不是也会因为太过突然而隐隐觉得有些尴尬甚至恼火呢？

因此，拜访别人前先预约就是一个非常好的习惯。

一般而言，要去别人家拜访时，最好提前 3 天联系对方，如果你不打算在别人家吃饭，那么拜访的时间一定要错开饭点。在拜访的前一天，请再次和对方确认，以防对方忘记或临时计划有变。拜访当天既不要迟到，也不要到太早，否则有可能打乱别人原本的计划。

除了确定拜访时间，在预约时还应一并告知对方此行拜访的具体人员和目的，并征询对方的意见。因为不是每个人都愿意很多人去自己家，提前告诉对方都有谁要去，可以避免很多不必要的尴尬局面，同时也更方便主人做准备。

每个人都想让别人看到自己最想展示的一面。提前预约，让对方能够以自己最想呈现的方式招待你，既是礼仪，也是对主人的尊重。彼此尊重，相互理解，才能形成更好的人际关系，让自己和他人都能更开心地相处。

47 为什么孩子也要学会处理邻里关系？

建立良好的邻里关系是你学着与社会相处的第一步。

你一直以为维系邻里关系都是大人的事，但父母却说，作为孩子的你，也要学会与邻居融洽相处。这是为什么呢？

你一定听过"社交技能"这个词，社交就是离开父母，自己去处理和社会上其他人之间的关系。这是一种每个小朋友都具备的"超能力"，只不过有的小朋友把它藏在了大脑的最深处，需要我们通过不断与不同的人交往才能激发出来，而学习建立邻里关系就是我们激发这种超能力最好的方式。

社交技能既简单又复杂，需要我们学会如何与不同年龄、性别和背景的人进行交流和合作，学会如何处理自己的情感，尊重和理解他人的需求。对于正处于社交技能发展初期的你来说，在邻里关系中学习这项超能力，能保证你处在基本安全的环境中。因为与绝对的陌生人不同，邻居通常是固定且长期居住在附近的人，大家都比较熟悉，相对也会更包容。

要想建立良好的邻里关系，首先要做到尊重与理解，比如玩耍时尽量减少噪声，不干扰邻居休息。另外，主动且礼貌的问候、力所能及的帮助都能让我们拥有更健康、温暖的邻里关系。而邻居对你礼貌行为的正向反馈，也能帮你获得自信心和归属感，助你塑造更健全的人格。

95

48 礼仪之邦的待客之道

做对客人以礼相待的小主人。

一句古语"有朋自远方来，不亦乐乎"，表达了国人自古就有的好客热情。作为"礼仪之邦"，我国的待客之道一直是一门值得深究的学问，仅从座次和饮品这两个方面就有许多细致的讲究。

座次的安排大有讲究。大门正对面是主人的位置，主人右手边往往是最重要的客人，左手边则是第二重要的客人。为了在座次上给予贵客极大的尊重，让他们坐在离主人最近、视野也最佳的位置。这一惯例一直延续到了当今。

茶是待客时不可缺少的重要饮品。饮茶的地点、泡茶用的茶具、水和茶叶都要精心挑选和准备。呈茶时，要用双手将第一杯茶呈给最尊贵的客人。而且，茶不可以倒满。因为茶往往用沸水冲泡，满杯容易烫伤自己或客人，而倒得太多喝不完的话，茶也容易放凉，从而影响口感。有趣的是，古时客人看到主人倒茶时，会将食指弯曲在桌子上轻轻敲一下，以示感谢，这是化用了"弯腰叩谢"的鞠躬姿势。

无论时代如何变迁，我们对待客人的态度始终不变，小小的你也要传承这种待客之道，学做一个始终用诚意去款待客人的小主人呀。

49 认真了解自己的家乡习俗

家乡的习俗中藏着支持你探索世界的底气。

为什么一年中到了某个特殊的时间点，人们会不约而同地做相同的事呢？

比如，在大年三十那天，孩子们会归乡与亲人团聚，一家人围坐在一起吃年夜饭，等待新年的到来；端午节前后，人们会举办龙舟比赛，并在门前悬挂艾草，以祈求一家老小平平安安。这些特定时间点中共同的习惯，就被称为习俗。

不同地区的习俗有着细微的区别，同样是在端午节吃粽子，有些地区喜爱甜粽，有些地区则偏爱咸粽。像这样依据当地自然条件、社会传统发展而来的不同习俗，是人们尊重当地历史的行为方式。

此外，习俗还有更为深远的意义。有些习俗是亲人团聚的"密码"，像春节的年夜饭、中秋节的观灯赏月这些最具代表性的团圆活动，为出门在外的孩子们约定了回家的时间点，给他们指明了家的方向。有些则是中华民族的"文化生物钟"，例如清明时扫墓祭祖，冬至时绘《九九消寒图》，都潜藏着人们对先辈智慧的敬意。

下次，当你去一个新地方时，不妨问问父母那里有什么特别的习俗。这样，你不仅能学到新知识，还能交到更多新朋友。

50 参观画展，认识艺术的魅力

艺术作品不只是简单的图像，更有着丰富的情感和内涵。

你参观过画展吗？当走进画展，一幅幅色彩斑斓、形态各异的画作映入眼帘时，你会发出怎样的感叹呢？

我们之所以要看画展，是因为画展不仅仅是视觉的盛宴，更是文化的传承和思考的启迪。透过画展，那些凝聚了艺术家们心血和才华的作品，以及它们所传达的情感和思想跨越时空的限制，与我们产生共鸣。

想要更好地认识艺术的魅力，我们最好提前做好功课，了解参展的艺术家及其作品，带着明确的目的参观画展。还可以先学习一些基本的美术知识，如色彩、构图、笔触等。这些基础知识可以帮助我们更好地理解和欣赏艺术作品，感受时代与风格的不断变迁。艺术作品最重要的信息，往往都被艺术家藏在细节里，所以一定要看得足够仔细。记得读一读每个作品下面的解说词，它们会帮你学到更多。我们还可以通过互动和参与来更深入地了解艺术。比如，可以参加画展中的工作坊和讲座，了解艺术家的创作过程和艺术思想。

此外，我们还可以和家人、朋友一起参观，分享彼此的感受和见解，这样不仅可以增进感情，还能让我们从不同的角度看待艺术。

51 怎样挑选新鲜的蔬菜、水果？

掌握蔬菜、水果本身的特性，选购时就可以对其"察颜观色"。

每当跟随父母走进菜市场，看到他们在眼花缭乱的各种蔬菜、水果摊位前穿行，娴熟地挑选时，你会不会感到很疑惑，这些果蔬看起来也没太大区别，到底是怎么挑选到最新鲜的那个的呢？

其实，每种果蔬都有自己固有的颜色、光泽、形状、气味，只要学会分辨这些特性，就可以快速识别它们的成熟度和鲜嫩程度。颜色在正常范围内，个头适中，形状无异常，气味清香无异味，满足这些条件的蔬果通常都适合选购。比如，新鲜的黄瓜表皮饱满，刺小且密集；新鲜的樱桃饱满鲜亮，表面不会有凹陷或黑色斑点。

如果下午去买菜，很多青菜看起来仍是水灵灵的，这时千万要注意，它们往往是被喷了水才看起来新鲜的。要知道，叶片沾水后会加速腐坏，很难保存，所以买菜时，宁愿选择没喷水、看起不太新鲜的菜，也千万不要被"新鲜"的表象所蒙蔽。

另外，在同一种蔬果中，应季的本地品类往往更容易买到新鲜好吃的。因为本地产品不需要长途运输，可以在达到最佳成熟度后再采收，而远方的蔬果则因为考虑运输和储藏的因素，需要提早采摘，因此很难品尝到它的最佳风味。

52 你最爱吃的鱼肉是怎么来的？

从深海到餐桌，鱼肉的旅程是大自然与人类共同智慧的结晶。

当品尝着鲜美的鱼肉时，你是否想过这条鱼是如何从遥远的海洋深处来到你的餐桌上的呢？

作为地球上最古老的生物之一，鱼类经历了漫长的演化历程，如今已有超过 3.2 万个种类。从约 5 亿年前最早的单一品种——无颌鱼到现代的品种多样化，鱼类的演化不仅揭示了生命的奥秘，也为人类提供了丰富的食物来源。

农林牧渔，自人类诞生，渔业就是我们的重要产业之一。现代渔业又包括捕捞业和养殖业两大分支。捕捞业利用各种捕捞工具和技术从自然环境中获取鱼类，而养殖业则通过人工模拟环境来大规模繁育和饲养鱼类。这些鱼类再经过加工处理，通过各种交通工具长途跋涉，从世界各地汇聚到你的餐桌上。

这是一场从深海秘境到餐桌盛宴的奇幻之旅。我们在品尝美味鱼肉的同时，还可感受到大自然的神奇魅力和人类智慧的伟大。然而，我们也要清醒地认识到，渔业资源并非取之不尽，用之不竭。过度捕捞造成的环境破坏已经对许多鱼类种群造成了严重威胁。因此，我们需要以更加科学、合理的态度来对待渔业资源的开发利用，让这场奇幻旅程得以长久地延续。

105

53 如何照顾花草健康成长?

人有个性, 花草亦然。

几乎人人都喜爱花草, 但养花失败的惨痛经历让我们对照顾花草这件事望而却步。其实, 在了解花草的习性后, 你会发现让花草健康成长并不难。

就像父母照料我们一样, 守护花草也要掌握"相处之道": 看个性, 勤观察, 多交流, 给出自由生长的空间。要根据花草的品种和需求浇水, 施肥。比如, 茉莉花喜水, 水分充足的情况下, 可以一年四季多次开花; 生命力顽强、"懒人必备"的仙人掌, 如果频繁浇水, 几乎活不过一个月。花草还有喜阳和喜阴的区分, 文竹、蕨类等喜阴植物需要放在半阴的环境中生长。

另外, 看到花盆里长了杂草, 不要急着全部清除, 保留一些小杂草, 它们可作为提示花草健康的"信号灯"。比如, 根据杂草的生长情况, 你可以直观地了解到盆中泥土的干湿状况和肥沃程度, 以做到及时浇水或施肥。植物最怕烂根, 所以我们可以不定期拔一两株杂草来观察它们的根部, 以此判断盆中花草根部的健康状况, 及时进行干预。

作为护植新手, 我们可以先从仙人掌、绿萝这类好养的植物着手, 慢慢摸索养植经验, 不断了解其他花草的习性和喜好, 总有一天你会成为花草种植小专家。

54 垃圾分类知多少

即便是垃圾，也并非全部一无是处。

你有时会看到一些爷爷奶奶在垃圾桶里翻找纸盒和塑料瓶，心里不禁疑惑，这不都是垃圾吗，为什么还要将它们挑出来呢？

其实，垃圾也是分很多种类的。我国目前主要将垃圾分为四大类：可回收物、厨余垃圾、有害垃圾、其他垃圾。

可回收物是指可以回收并重复利用的垃圾，包括未被污染的废纸、塑料、玻璃、金属和布料。将它们综合处理回收利用，可以减少污染，节省资源。我们将可回收物品收集起来直接送到废品回收站，还能得到一笔小收益，可谓一举多得。

厨余垃圾是指容易腐烂的、含有机物质的生活垃圾，如剩饭菜、瓜皮、果壳等。注意，绿植、花卉等虽不产生于厨房，但也容易腐烂，属于厨余垃圾；而大棒骨、生蚝壳等虽为厨余，但因其硬度过大而不易腐烂，则属于其他垃圾类。厨余垃圾可以经生物技术处理，生成有机肥料进行利用。

有害垃圾会对环境或人体造成伤害，多单独回收，科学填埋处理。不包含在上述几类范围内的垃圾则属于其他垃圾。

保护环境，人人有责，试着从垃圾分类做起吧！

55 如何在地图上辨认位置与方向？

学会看地图，让自己的出行更从容。

现代社会，手机里的卫星导航地图让我们的生活便利度得到了很大提升。可是，如果碰到手机信号消失或者卫星定位失灵的情况，手机里的地图变得与传统纸质地图无异，你还能找到准确的方向吗？

所以，为了以防万一，学会在地图上辨认正确的位置与方向，依旧是每个人必须具备的基本生存技能。

要利用地图找到正确的方向，首先要能在地图上确定自己的准确位置。最简单的方法是观察附近有无明显的标志物——道路指示牌、路边的高楼、地铁站，或者河流、湖泊等，并与地图上的标记相互参照，将自己的位置标记在地图上。

确定好位置后，就要确定方向了。此时的原则是，先确定一个方向，再判断具体方位。地图一般用"上北下南，左西右东"的口诀来表示方向；如果是带有经纬线的地图，纬线指示正东正西，经线指示正南正北；如果是有指向标的地图，则指向标指向正北。

在地图上确定好当前方位后，应再次仔细对照周围环境或参照物，确保你在地图上选定的前进方向无误。之后，你就可以在地图上找出目的地，朝着目的地的方向规划自己的行进路线了。

56 那些"变废为宝"的小窍门

变废为宝是一种环保且充满想象力的生活方式。

我们在生活中会产生很多"废品",比如用完的纸箱、喝完的饮料瓶、不用的旧衣物。那么,这些"废品"的命运只能是被扔掉吗?

不!其实,我们可以通过一些小窍门,将它们变成有用的东西,既能减少垃圾的产生,保护环境,节约资源,还能锻炼我们的想象力和创造力,提高我们的动手能力。

比如,你可以将废纸壳做成漂亮的收纳盒,将废旧塑料瓶做成花瓶、储物瓶等家居用品;将废旧轮胎做成花园椅、储物箱等户外用品;将穿不下的旧衣物缝制成自己的专属玩偶……甚至连墙壁上脱落的墙皮,你都可以用画框装裱起来,并在旁边附上你对"墙壁艺术品"的解读,真是满满的艺术气息!只要我们开动脑筋,发挥创意,就能创造出更多变废为宝的物品。

不过,要注意的是,并不是所有物品都可以变废为宝。我们应该学会判断哪些东西适合被二次利用,哪些东西应该直接处理掉。比如用来抵御病毒、预防流感的口罩,使用后就应密封后放到有害垃圾桶中,而不是拿来重复利用。

变废为宝的过程也是一个学习的过程,让我们动手动脑,充分发挥创造力,挖掘这种生活方式的更多可能性吧!

57 为什么刚装修完的新家不能马上入住？

新家装修之后的第一要务是处理室内空气污染问题。

你跟随父母来到刚装修好的新家，看到属于自己的卧室，里面是自己喜欢的装修风格，于是就迫不及待地想要住进来。爸爸却说："今天只是先来看看装修效果是否满意，暂时还不能搬进来。"失望之余，你或许会疑惑，为什么不能快点搬进来呢？

崭新的家具、地板、墙面虽然看起来令人心情舒畅，但任何装修材料都含有不同浓度的有毒物质，例如氨、甲醛、苯、乙烯等，这些有毒物质会不断在空气中扩散。因此刚装修好的房子，看起来窗明几净，实际空气质量却令人担忧。如果此时入住，它们就会成为伤害你身体的"隐形杀手"。比如，吸入过量甲醛、苯等，轻则引发皮肤瘙痒、头痛、过敏，重则导致急性中毒、恶心、呕吐，甚至诱发癌症。

因此，在入住之前，应先将房屋空置，并通过开窗通风，摆放吊兰、芦荟等绿植，以及摆放甲醛清除剂、苯清除剂等方法处理室内的有毒气体。这样空置半年到一年时间，通常有害物质的浓度就会降到安全范围。

如果急需入住，至少也要空置三个月，然后请专业检验公司来对屋内空气进行检测，如果检测结果合格，就可以安心入住新家。

58 身边容易引发火灾的危险之物

预防火灾，从身边小事做起。

每当看到消防车呼啸而过，匆匆驶入周围某个小区时，你会不会感到疑惑，这些火灾都是怎么引发的呢？

其实，在我们身边很多意想不到的地方，都潜藏着能引发火灾的危险物品。比如，家家都有的面粉，你一定想不到它竟会引发爆炸。面粉本身并不易燃烧，但面粉颗粒悬浮在空气中时会吸附更多的氧分子，达到一定浓度时就会形成爆炸性混合物，一旦接触火源便会迅速燃烧，引发爆炸。所以，倒面粉时一定要在远离有明火的地方，并且尽量避免将面粉扬起。

还有一种情况是，如果在厨房突然发现嚣张的"小强"，你会不会慌张地想要找杀虫剂喷上去？停！万一灶台上开着明火，这样的行为很可能引发爆炸。喷雾杀虫剂是易燃易爆品，药液内含有丙烷、丁烷成分，与空气混合后会形成爆炸性混合物，遇火花或高温会发生爆炸。喷雾杀虫剂瓶内有压力，受外力撞击或摩擦起热时也容易引发爆炸。如果在父母的汽车里发现了类似的喷雾剂，你可要第一时间提醒他们清理出去呀！

除此之外，生活中还存在很多火灾隐患，为了生命安全，我们要多多学习消防知识，注意细节，做到防患于未然。

59 便利生活背后的支撑者——快递员

每一件包裹的运送都离不开快递员的劳动。

你或许早已习惯了在手机上点一点，过不了多久就会有包裹送上门来的便利生活。不过，你知道吗，这种便利生活的背后，离不开无数快递员的辛劳和汗水。

快递员看起来像是一种新兴职业，但其实早在秦汉时期就有专门从事传递信息或邮寄物品的人了。杜牧的诗句"一骑红尘妃子笑，无人知是荔枝来"中，一路快马加鞭负责为杨贵妃运送荔枝的人就可以算是当时的"快递员"了。

与古代快递的权贵专享不同，现代快递行业属于每个人都能享受的服务业。快递员们会使用专门的工具设备，揽收、分拣包裹，打包后将它们送上发往全国各地的货车，再由各个网点的派件员投送至千家万户。

你接触最多的大概就是派件环节的快递员了。可别小看快递员这份工作，他们可不是拿着包裹到处跑这么简单，而是需要有很强的记忆力以及路线规划能力，以确保能够将包裹快速且精准地投送到每一位收件人手中。

正是由于他们的辛勤付出，我们才能拥有现在这样足不出户就可以轻松购物的便利体验，所以，或许你叫不上他们的名字，但可以在下一次收件时主动跟他们说一声"谢谢，辛苦了"。

60 认识金钱

钱不是凭空产生的，而是人们劳动价值的直接体现。

从很小的时候，你就总听到大人们说"这是多少钱买的""今天又花了多少钱""这个月又赚了多少钱"……钱到底是什么，为什么人人都把它挂在嘴边呢？

从人类社会有了分工开始，钱就慢慢产生了。我们无法独立生产所有物品，所以需要交易，用自己生产的东西去和别人交换。很久以前，古人用贝壳等物件充当货币来换取自己想要的东西，这里的贝壳就是"钱"。随着时间推移，贝壳逐渐被更方便携带和保存的材料替代，从铜钱到纸币，再到当今的数字支付，货币的形态在变，但它在我们生活中的意义没有变。

成年人参与到各种不同的劳动生产中，会获得相应价值的钱作为报酬。比如，爸爸妈妈每天辛勤工作，获得的工资、奖金都是钱，这些钱再被投入各种消费活动中，别人也就会从中获得各自相应的回报。

我们都知道，钱很重要，生活的方方面面几乎都要用到钱，但也要谨记金钱不是万能的，更要体悟父母挣钱的不易，珍惜手中的每一分钱。正确认识金钱，用好金钱，用它来丰富我们的生活，而不是让生活为它所控制，只有这样，我们才能拥有更加美好的生活。

61 小小年纪的"生财之道"

把赚钱当作宝贵的生活体验，体会金钱的来之不易。

每当看到一些想要却买不起的东西时，你会不会暗想：要是我能自己挣钱就好了……

很遗憾，我国的法定用工年龄是 16 周岁，所以年纪尚小的你暂时无法像父母那样通过工作来赚钱。不过，想要通过自己的劳动赚钱也并非完全不可实现。

比如，你可以回收塑料瓶卖掉，或者收集一些用不到的旧物件拿去跳蚤市场交易。你还可以化身小老师，有偿辅导邻居家的弟弟妹妹，这样既帮助他们提高了成绩，又充实了自己的钱包。如果你有一双巧手，你还可以在跳蚤市场或网络售卖自己做的手工艺品，在赚钱的同时还向世人展现了你的才华。

不过，自己赚钱固然很有成就感，但你也要牢记，学习才是当下最重要的任务。你可以把赚钱当作一种宝贵的生活体验，体会金钱的来之不易，学会珍惜和自我管理，但绝不能因赚钱耽误了学习。只有通过学习，我们才能掌握更多的知识，提升自己的能力，在未来有更多的选择，更好地实现自己的价值。

让我们在用心学习的同时，偶尔尝试这些小小的赚钱方法，为自己的梦想增添一抹绚丽的色彩。相信未来的你，定会因为当下的努力而绽放出更加璀璨的光芒。

62 中国古代建筑结构知多少

建筑是历史的担当者，更是文明与智慧的见证者。

说起中国古代建筑，你最先想到的是什么？是壮丽宏大的故宫，还是精致秀丽的江南园林？无论哪个，它独特的结构和丰富的造型一定给你留下了深刻的印象吧。

要论建筑的花样，咱们中国的老祖宗们可是一点不逊色于现代人。他们不仅能做到只用木头或石头就建出各式各样的房子，甚至还让木质结构花样百出。

比如，北方的宫殿建筑内常见一些承受力强、用料多的大立柱，其支撑着上面叠加的横梁、檩条、椽条等功能不同的木构件，它们一个抬着一个，故称为抬梁式建筑。在屋顶和屋身的过渡部分，是中国古代建筑所特有的一种构件——斗拱。

还有一种穿斗式建筑，它的立柱不用太粗，但需要的数量较多，柱与柱之间间隔较小，再以可以稳定结构的枋横穿柱心来连接立柱。这种建筑形式能更好地抗风，多见于南方。

另外，还有抬梁穿斗结合式的建筑，以及较为原始的井干式结构建筑——这种建筑的主体全是由木头搭建，古朴自然，山中木屋通常都是这种结构。

根据类型和用途的不同，我国古代建筑还有许许多多不同的样式，这些都是一代代中国能工巧匠的智慧结晶。

63 假如要去听一场古典音乐会

尊重音乐，并遵守音乐会规则，才能更好地欣赏音乐。

说起古典音乐，你是不是觉得它很严肃，仿佛很有距离感。但如果说起《天鹅湖》和《卡农》是不是又瞬间感觉很熟悉？

其实日常生活中，我们经常能接触到古典音乐，比如在一些喜庆的场合，你可能会听到约翰·施特劳斯的《拉德斯基进行曲》。不过，如果要去音乐厅真正听一场古典音乐会，那就确实需要你庄重对待了，因为古典音乐会提供的是纯音乐的视听盛宴，需要现场保持良好的声音传播环境，而这份安静需要大家共同维护才能实现。

除了观看演出时保持安静，不吃东西，不发出干扰他人的声响等基本注意事项。精彩的音乐肯定还会让你情不自禁，但请务必学会找准鼓掌的时机，把掌声与喝彩留到演出结束后。一套完整的交响乐通常有 4 个乐章，一个乐章演奏结束并不意味着演出结束，所以此时不要鼓掌，以免影响演出的有序进行。

演出结束后，待乐团指挥转身鞠躬时，全场观众会起立鼓掌，这时不要急着离场，不然你可能会错过后面的数场返场曲目。等到演奏员退场且观众席亮灯时，才意味着音乐会真正结束了。此时你可以退场，也不要忘了把垃圾一并带走哟！

127

64 认识茶文化

千年茶文化，创新亦是一种传承。

"开门七件事"——柴、米、油、盐、酱、醋、茶。我国是茶的故乡，中国人种茶、饮茶的历史相当久远，还形成了独有的中式茶文化。

中国人喝茶的起源可追溯至 3000 多年前。当时，茶被视为贡品，和丹、漆、蜜一起被进贡给周武王。到了秦汉时期，人们一般在将茶烹煮后饮用，想象一下，这样的茶汁液苦涩，并不是所有人都喝得来的。有时候，人们也会在其中加入一些薄荷、盐、香料等调味品来丰富它的口感。细细一想，现在畅销的各色果茶是否就是从中借鉴的灵感呢？

中国人喝茶注重一个"品"字，饮茶环境要安静、舒适，并配有专门的茶具，如茶壶、茶杯、茶勺。这个"品"字，不仅是品鉴茶的优劣，还是在细啜慢饮中洗涤精神，回味人生。

茶文化流传千年至今，有人依旧保留着古人饮茶时的讲究，也有人选择了创新，以各色茶饮引领新的潮流。他们会从古人的饮茶文化中汲取灵感，把红茶叫作"红颜"，给茶饮取名"蔓越阑珊"等，试图给喝茶的人一种古典、优雅的舒适感。感兴趣的话，不妨到街头巷尾观察一下，看看那些茶饮店都有哪些融合了古代茶文化的巧思吧。

65 方言的魅力

普通话的普及让交流更方便，方言的保留让文化更多彩。

你生长在北方，老家却在南方，每次随父母回老家，你都会感觉满头雾水——老家的方言听不懂啊！

我国国土广袤，人口众多，汉语的方言也极多，不同地域的人说起话来也是形形色色，各有不同。明明写出来的是同样的汉字，听起来却经常让人摸不着头脑，这就是由于有方言存在。

方言是某个地区的人特有的说话方式。一种方言中包含着成千上万的本地词汇，而这些本地词汇只有当地土生土长的人才熟知并运用自如。教育部颁布的《中国语言文字概况》（2021年版）将汉语方言划分为十种，分别是官话方言、晋方言、吴方言、闽方言、客家方言、粤方言、湘方言、赣方言、徽方言、平话土话。各方言区内，还分布着若干分支方言片，甚至还会有细碎至村级的"方言小片"。

"少小离家老大回，乡音无改鬓毛衰。"作为中华文化的重要组成部分，方言不仅是承载着地方历史与民俗风物的重要载体，同时还是人们鲜活生动的情感纽带，能增加地方认同感，快速拉近人与人之间的距离。深厚持久的文化底蕴，如此丰富多彩的地域方言，共同构成了中华文化。守护方言，就是守护中华文化的千年传承。

131

66 如何更好地学习一门外语？

把打开了解世界大门的钥匙牢牢地握在自己手里。

明天英语老师要听写单词，你今晚才赶紧翻开课本开始背，感觉像背负着一项艰巨任务。其实，语言本是用来沟通和拓宽视野的工具。学好外语，对喜欢的外国影片，你就不会因缺少字幕而困扰；想出国游玩，你也不必因语言不通而退却。

想学好一门语言，第一步就要明确自己的学习目的。比如，想要"学好外语畅游世界""将来去海外工作"等，你的学习信念感会更强，自然会更有动力。

有了学习目的，自然要付诸行动。我们讲究学以致用，在选择学习素材时，建议多去看看和生活场景有关或是和你的兴趣点相符的内容。比如，怎样在餐厅点餐，在马路上问路，和邻居聊天……场景式学习可以调动积极性，比直接背单词要高效许多。而且，观看喜欢的原版电影，多了解该语言所属国家的文化，也会让你学到更地道的表达。

你还可以找个学习同伴，共同进步。比如，和想要学习汉语的外国人交朋友，如果没有合适的人选，也可以参与到像"英语角"那类可以增加互动和交流的团体中。

学好外语就像找到一把打开世界大门的钥匙，希望你能将它牢牢把握在自己手中。

133

图书在版编目（CIP）数据

每天都有新收获 / 三五锄教育著；侯志绘 . -- 昆
明：晨光出版社，2024.9
（在我长大之前）
ISBN 978-7-5715-1911-7

Ⅰ.①每… Ⅱ.①三… ②侯… Ⅲ.①生活教育－小
学－教学参考资料 Ⅳ.① G621

中国国家版本馆 CIP 数据核字 (2023) 第 069654 号

MEI TIAN DOU YOU XIN SHOU HUO

每天都有新收获

三五锄教育——著　侯志——绘

出 版 人　杨旭恒

项目策划　禹田文化
责任编辑　李　洁
项目编辑　孙淑婧
营销编辑　赵　莎
美术编辑　沈秋阳
装帧设计　沈秋阳
内文排版　史明明
责任印制　盛　杰

出　　版　晨光出版社
地　　址　昆明市环城西路 609 号新闻出版大楼
邮　　编　650034
发行电话　（010）88356856　88356858
印　　刷　小森印刷霸州有限公司
经　　销　各地新华书店
版　　次　2024 年 9 月第 1 版
印　　次　2024 年 9 月第 1 次印刷
开　　本　145mm×210mm 32 开
印　　张　4.5
ＩＳＢＮ　978-7-5715-1911-7
字　　数　86 千
定　　价　29.00 元

退换声明：若有印刷质量问题，请及时和销售部门（010-88356856）联系退换。